CIENCIAS DEL PATIO TRASERO

LAS ARAÑAS DE CERCA

De Alan Walker

Traducción de Santiago Ochoa

ÍNDICE

Un libro de El Semillero de Crabtree

CRABTREE
Publishing Company
www.crabtreebooks.com

¿Qué sabemos realmente sobre las arañas?

Las arañas no son insectos. Los insectos tienen seis patas y las arañas ocho. Las arañas son **arácnidos**.

Hay arañas de todas las formas, tamaños y colores.

Las arañas no tienen orejas, pero los pelos de sus patas les ayudan a detectar los sonidos.

La mayoría de las arañas tiene ocho ojos. Algunas tienen hasta doce. Algunas no tienen ojos.

La letal araña viuda
negra tiene ocho ojos.

Las patas de las arañas les ayudan a moverse muy rápido.

¡!

Tener ocho patas les facilita trepar.

Los **colmillos** de una araña traspasan a su presa y le inyectan **veneno**.

Las arañas tienen colmillos para matar a sus **presas**.

presa

Las arañas saben cómo esconderse.
Se mezclan con su entorno.

Mezclarse con el entorno se llama **camuflaje.**

telaraña

Algunas arañas hacen telarañas.
Utilizan las telarañas para
atrapar su comida.

Muchas hebras de una
telaraña son pegajosas para
que las presas capturadas
no puedan escapar.

trampilla

No todas las arañas hacen telarañas. Algunas excavan en el suelo.

La araña de trampilla hace una madriguera y una trampilla que cierra para esconderse.

No hay que tener miedo.
Las arañas pueden ser útiles.
Se comen las **plagas**.

Mucha gente tiene miedo a las arañas, pero la mayoría de las arañas es inofensiva.

Araña viuda negra:
Con forma de reloj de arena
rojo en la parte inferior.
Es venenosa para
los humanos.

Araña saltadora:
Salta para atrapar
a su presa.
No es venenosa
para los humanos.

**Araña de jardín negra
y amarilla:**
Araña que teje telarañas grandes.
No es venenosa
para los humanos.

Tarántula de anillos rojos:
A menudo se venden como mascotas exóticas. No es venenosa para los humanos.

Araña del sótano:
También conocida como araña de patas largas. No es venenosa para los humanos.

Araña reclusa café:
Tiene seis ojos. Es venenosa para los humanos.

Partes del cuerpo de la araña

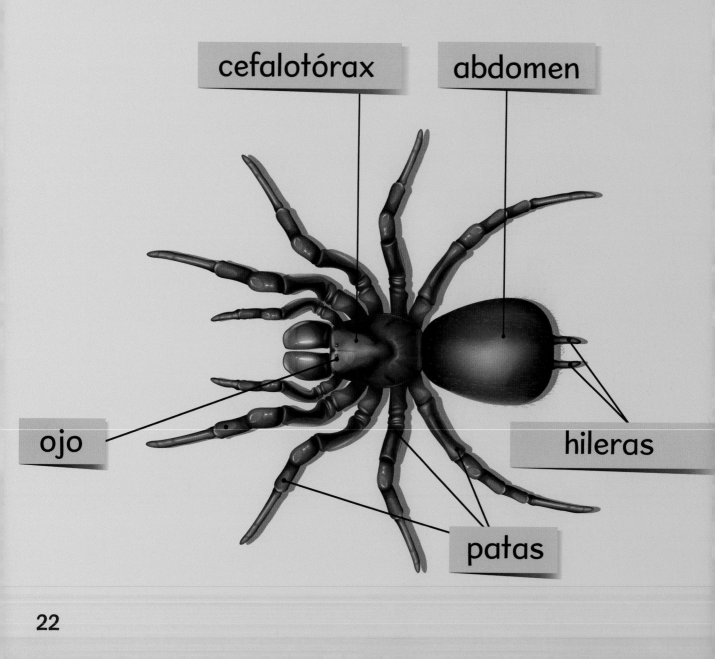

cefalotórax

abdomen

ojo

hileras

patas

Glosario

arácnidos: Los arácnidos son animales con ocho patas, dos secciones corporales y sin alas ni antenas.

camuflaje: Camuflarse es esconderse adquiriendo colores o cubriéndose para parecerse al entorno.

colmillos: Los colmillos son dientes largos y puntiagudos.

plagas: Las plagas son insectos que destruyen o dañan las flores, las frutas o los vegetales.

presas: Las presas son animales comidos por otros animales.

veneno: El veneno es producido por algunas serpientes y arañas. Suele pasar al cuerpo de la víctima a través de una mordedura o picadura.

Índice analítico

Apoyo escolar para cuidadores y profesores

Este libro ayuda a los niños a crecer permitiéndoles practicar la lectura. A continuación se presentan algunas preguntas orientativas para ayudar al lector a desarrollar su capacidad de comprensión. Las posibles respuestas que aparecen aquí están en color rojo.

Antes de leer

- **¿De qué creo que trata este libro?** Creo que este libro trata de los diferentes tipos de arañas. Creo que este libro trata de cómo las arañas pueden ser útiles para las personas.

- **¿Qué quiero aprender sobre este tema?** Quiero aprender más sobre qué arañas son venenosas. Quiero aprender cómo una araña hace una telaraña.

Durante la lectura

- **Me pregunto por qué...** Me pregunto por qué las arañas no son insectos. Me pregunto por qué las arañas tienen más de dos ojos.

- **¿Qué he aprendido hasta ahora?** He aprendido que las arañas tienen ocho patas y se llaman arácnidos. He aprendido que no todas las arañas hacen telarañas para atrapar a sus presas, y que algunas escarban en el suelo para atraparlas.

Después de leer

- **¿Qué detalles he aprendido sobre este tema?** He aprendido que las arañas pueden ser útiles para las personas, pues se comen las plagas de insectos. He aprendido que la mayoría de las arañas son inofensivas para las personas.

- **¿Qué detalles he aprendido sobre este tema?** Veo la palabra *colmillos* en la página 11 y la palabra *camuflaje* en la página 13. Las demás palabras del glosario se encuentran en la página 23.

Library and Archives Canada Cataloguing in Publication

CIP available at Library and Archives Canada

Library of Congress Cataloging-in-Publication Data

CIP available at Library of Congress

Crabtree Publishing Company
www.crabtreebooks.com   1–800–387–7650

Written by: Alan Walker
Translation to Spanish: Santiago Ochoa
Spanish-language Copyediting and Proofreading: Base Tres
Print coordinator: Katherine Berti

Print book version produced jointly with Blue Door Education in 2023

Printed in the U.S.A./072022/CG20220201

Published in the United States
Crabtree Publishing
347 Fifth Ave.
Suite 1402-145
New York, NY 10016

Published in Canada
Crabtree Publishing
616 Welland Ave.
St. Catharines, Ontario
L2M 5V6